CATALOGUE

DE

SIX MAGNIFIQUES FAUTEUILS

EN

TAPISSERIE de BEAUVAIS

DU XVIIIe SIÈCLE

A sujets d'après G. BOUCHER et J.-B. OUDRY

MEUBLE DE SALON

ET

CINQ PANNEAUX

EN TAPISSERIE D'AUBUSSON DE L'ÉPOQUE LOUIS XV

Provenant du Château de B...

DONT LA VENTE AURA LIEU

HOTEL DROUOT, SALLE N 6

Le Jeudi 26 Avril 1900

à quatre heures

COMMISSAIRE-PRISEUR	EXPERT
Me Paul CITERNE	M. B. LASQUIN
19, rue de la Reynie	12, rue Laffitte

CHEZ LESQUELS SE TROUVE LE PRÉSENT CATALOGUE

EXPOSITIONS

PARTICULIÈRE : *Le Mardi 24 Avril 1900, de 1 h. 1/2 à 5 h. 1/2*
PUBLIQUE : *Le Mercredi 25 Avril 1900, de 1 h. 1/2 à 5 h. 1/2*

CONDITIONS DE LA VENTE

Elle sera faite au comptant.

Les Acquéreurs paieront *cinq pour cent* en sus des enchères.

L'exposition mettant le public à même de se rendre compte de l'état et de la nature des objets, aucune réclamation ne sera admise une fois l'adjudication prononcée.

Paris. — Imprimerie de l'Art, E. Moreau et Cie, 41, rue de la Victoire.

26 avril 1900

PN

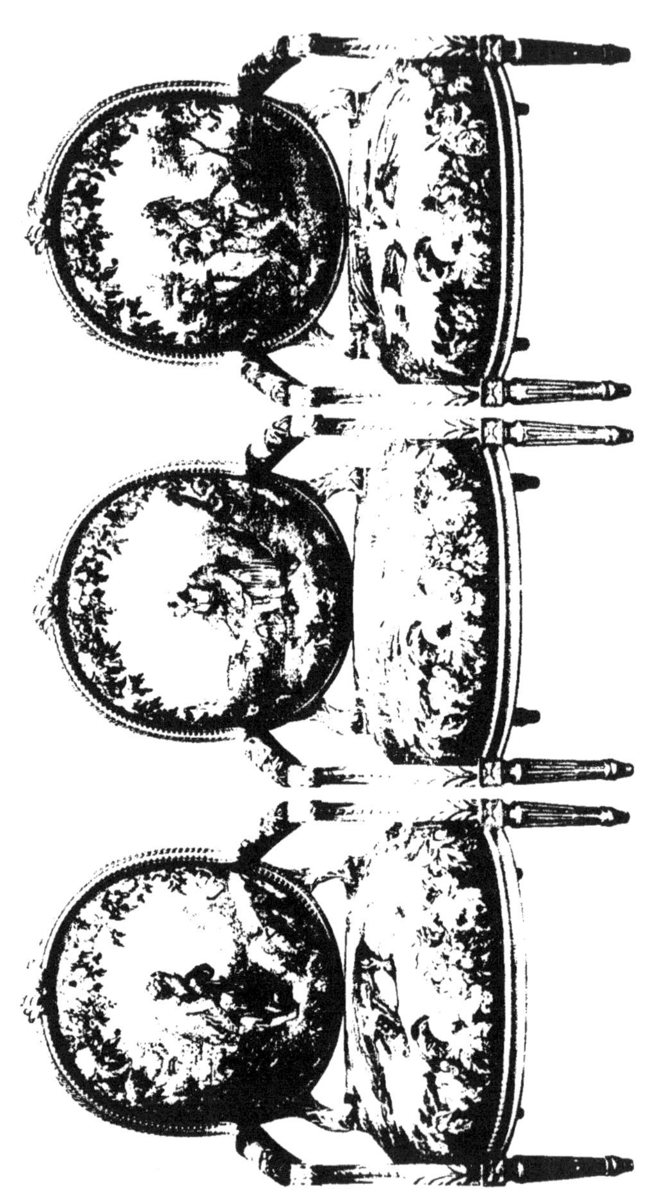

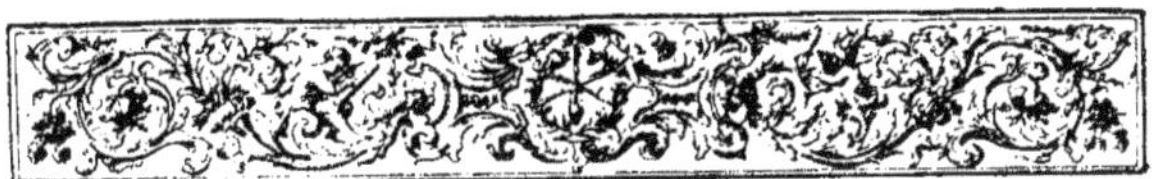

DÉSIGNATION

SIÈGES

1 — Six très beaux fauteuils garnis de tapisserie de BEAUVAIS du XVIIIe siècle. Les dossiers, d'après F. BOUCHER, représentent des enfants villageois dans des paysages; les sièges, d'après J.-B. OUDRY, sont décorés de sujets d'animaux et d'oiseaux dans de riches encadrements de fleurs et de fruits agrémentés de rubans.

Les montures en bois doré sont de style Louis XVI à dossier ovale.

1° Dossier : *Le Petit Joueur de Cornemuse.*
Siège : *Chien poursuivant deux canards.*

2° Dossier : *Petite fille portant une corbeille de fleurs.*
Siège : *Combat de Coqs.*

3° Dossier : *Le Petit Oiseleur.*
Siège : *Cygne se défendant contre un Chien.*

4° Dossier : *La Petite Fille à la cage.*
Siège : *Aigle enlevant une perdrix.*

5° Dossier : *Le Petit Vendangeur.*
Siège : *Renard dévorant un faisan.*

6° Dossier : *Jeune Fille portant des fruits.*
Siège : *Chien en arrêt devant deux faisans.*

Le charme de la composition, la beauté du dessin, l'exécution parfaite et l'état de conservation remarquable de ces tapisseries nous permettent de les présenter comme objets d'art de premier ordre.

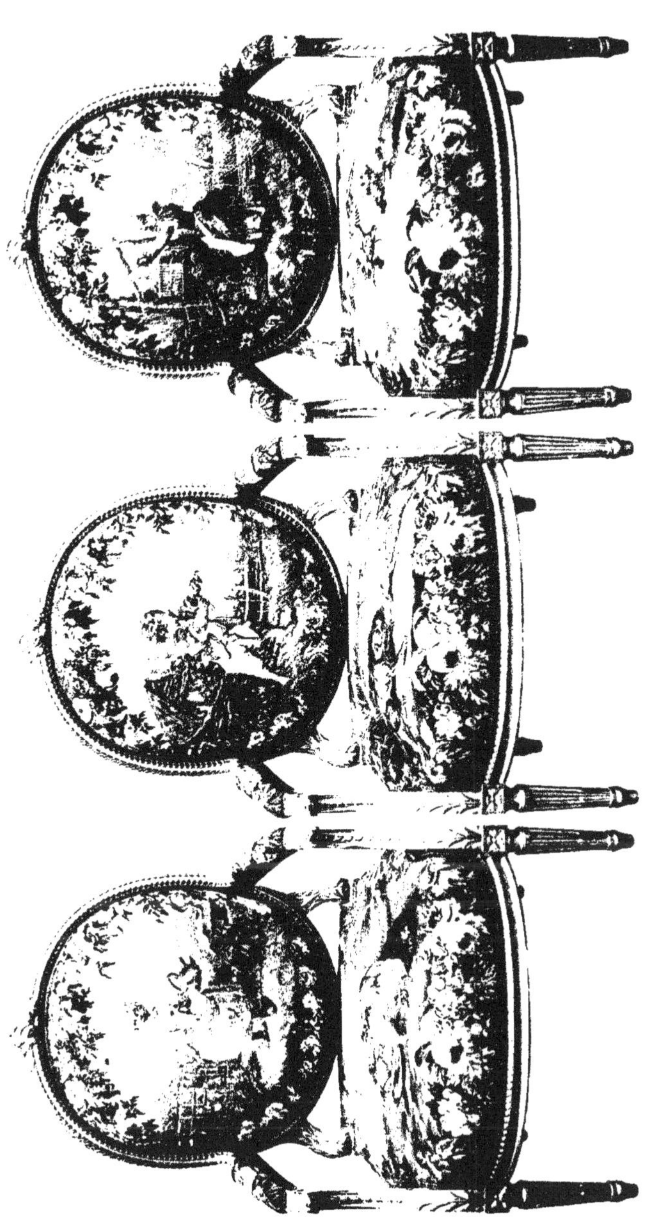

2 — Ameublement de Salon en tapisserie du XVIIIe siècle, sur montures en bois d'acajou du temps de l'Empire.

Il est composé d'un canapé, de huit fauteuils et de deux coussins.

Le canapé représente, sur le dossier : Apollon et les Muses dans un paysage accidenté ; le siège offre le sujet tiré de la fable de La Fontaine : « La Génisse, la Chèvre et la Brebis en société du Lion ».

Les fauteuils offrent, sur les dossiers, des figures allégoriques des Muses, des Sciences et des Arts, et sur les sièges, des perdrix, des faisans, des cygnes et des oiseaux aquatiques dans des paysages.

Les deux coussins sont formés de quatre carrés de même tapisserie que les sièges ; l'un représente « Le Lièvre et la Tortue » et « Le Coq et la Perle » ; l'autre, « La Belette, le Chat et le Lapin », et deux perroquets.

PANNEAUX EN TAPISSERIE

3 — Tapisserie d'Aubusson de l'époque Louis XV, représentant *l'Offrande à l'Amour.*

Un jeune couple vient sacrifier à Cupidon, dont la statue se dresse à gauche sur un piédestal qu'un amour voltigeant sur un nuage enguirlande de fleurs.

Le jouvenceau s'avance en présentant sa couronne de roses. Mais il est retenu par sa compagne qui, encore hésitante, est assise à terre au pied d'un arbre entouré de buissons de roses. Un autre amour, assis au bas du piédestal, tient en laisse, avec des rubans roses, deux colombes qui volettent en se becquetant.

Charmante composition, d'un brillant coloris.

Haut., 2 m. 05 cent.; larg., 1 m. 60 cent.

4 — Panneau de tapisserie d'Aubusson de l'époque Louis XV, représentant *Le Temple de Vénus.*

Un jeune couple de coquets villageois s'avance timidement devant la statue de Vénus, celle-ci, abritée sous un temple de forme circulaire à colonnes, que deux amours enguirlandent de fleurs. Sur les marches du temple, entourées de buissons de roses, deux colombes se becquettent près de deux couronnes et des attributs de l'amour posés à terre.

Ce panneau est le pendant du précédent.

Haut., 2 m. 05 cent.; larg., 1 m. 60 cent.

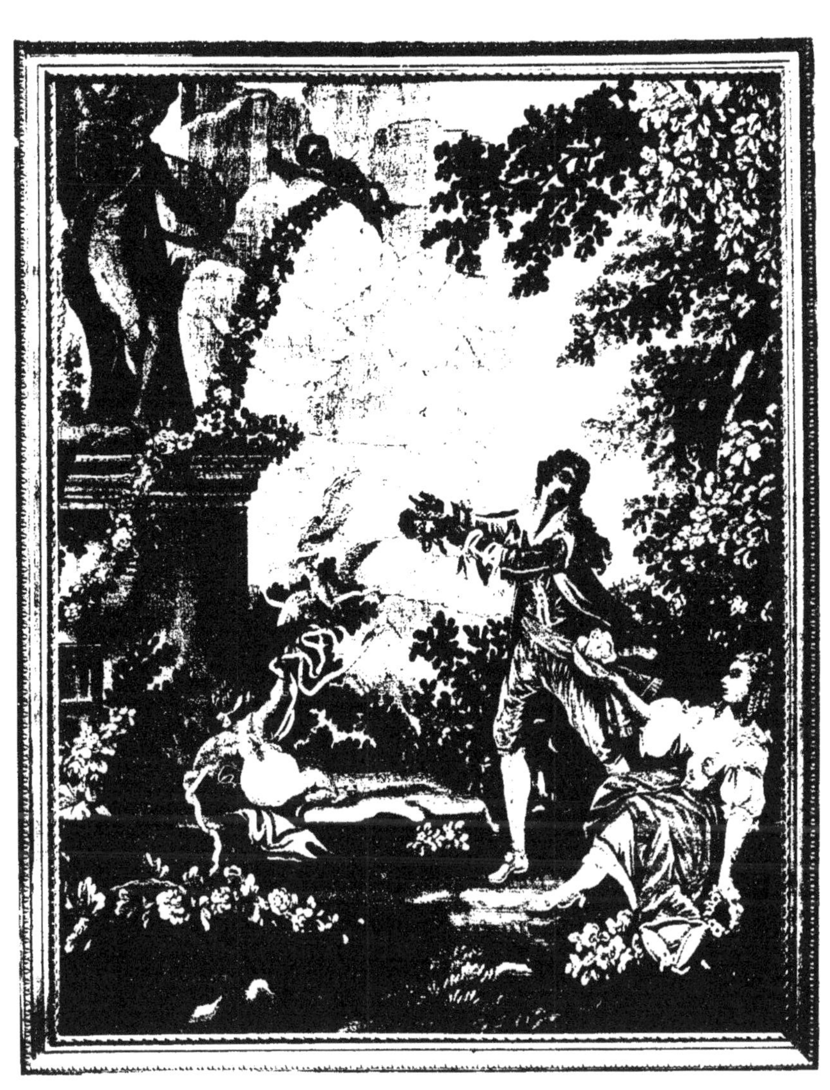

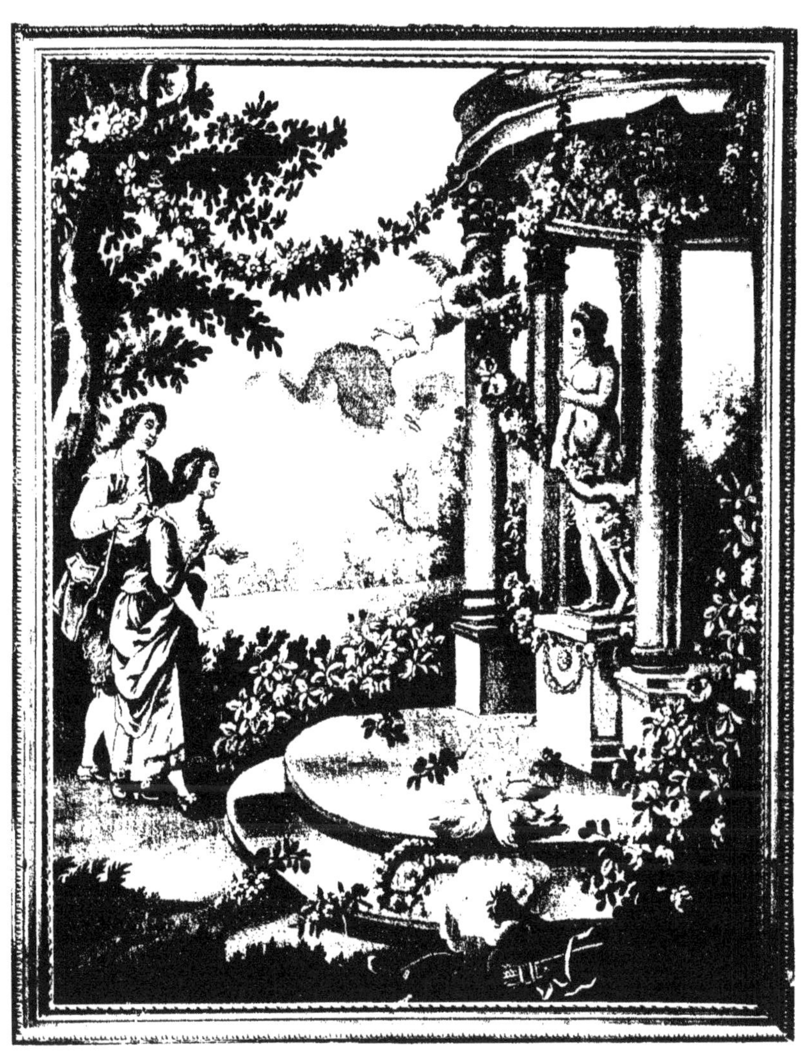

5 — Deux panneaux en tapisserie d'Aubusson de l'époque Louis XV, réunis dans un même cadre.

Celui de gauche : représente deux fillettes sur la terrasse d'un parc, l'une d'elles jouant avec un chien.

Celui de droite : Deux jeunes filles au bord d'une rivière, l'une prête à s'enfuir, retenue par sa compagne à l'aide d'une guirlande de fleurs.

Haut., 2 m. 05 cent.; larg., 63 et 69 cent.

6-7 — Deux panneaux de tapisserie d'Aubusson de l'époque Louis XV, pouvant faire suite avec les précédents.

Un couple de villageois et une petite fille au milieu de la campagne, avec fond de collines.

Haut., 2 m. 05 cent.; larg., [illegible] cent.

Dans un coin de parc aux vieux murs à demi-cachés par la verdure, un jeune galant et deux villageoises au pied d'un mat surmonté d'une colombe.

Haut., 2 m. 05 cent.; larg., 64 cent.

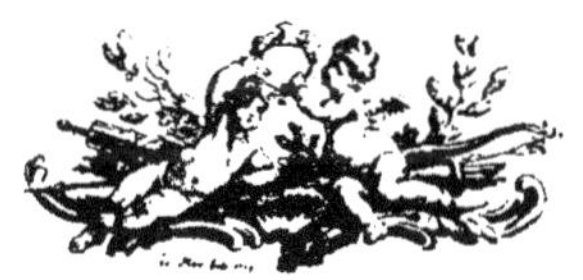

www.ingramcontent.com/pod-product-compliance
Ingram Content Group UK Ltd.
Pitfield, Milton Keynes, MK11 3LW, UK
UKHW020528180726
13839UKWH00005B/2377